Friedrich Brüning

DAS MEERSCHWEINCHEN

Alles Wissenswerte über Meerschweinchen und ihre Haltung

Friedrich Brüning · Das Meerschweinchen

An der Warnau 33
3036 Bomlitz

ISBN 3-923269-35-8

Fotos:

Thomas Arndt	Seite 9
Horst Bielfeld	Seite 4, 11 rechts, 20, 21, 22, 23, 24, 25, Titel
Wolfgang de Grahl	Seite 61
SILVESTRIS / Dani Jeske	Seite 10 rechts
SILVESTRIS / Martin Wendler	Seite 10 links, 11 links

Werkfoto Joko Kunststoff- und Alu-Systeme, Bassum Seite 28
Werkfotos Wagner & Keller Käfigbau, Ludwigsburg Seite 29

Zeichnungen: Friedrich Brüning

Inhalt

Warum heißt das Meerschweinchen nicht Landschweinchen?

Herkunft des Meerschweinchens

Bei der Bezeichnung „Meerschweinchen" fragt man sich unweigerlich, was ein Schweinchen mit dem Meer zu tun haben könnte. Im allgemeinen bevorzugen Schweinchen bestenfalls schlammige Pfützen, um sich darin zu suhlen. Nun, diese Bezeichnung erklärt sich folgendermaßen: Wahrscheinlich im 16. Jahrhundert, mit Sicherheit nachweisbar im 17. Jahrhundert, brachten spanische und holländische Seefahrer Meerschweinchen aus Südamerika mit nach Europa. Weil das Tier bis dahin in Europa völlig unbekannt war, mußte man einen passenden Namen suchen. Was lag näher, als diese niedlichen Tierchen mit einem Schwein im Kleinformat zu vergleichen, denn sie besitzen einen ähnlich gedrungenen Körperbau mit kleinen Beinen und einen verhältnismäßig großen Kopf – so wie unser Hausschwein. Und weil nun ein solches „Schweinchen" über das große Meer zu uns kam, nannten es unsere Vorfahren ganz einfach Meer-Schweinchen.
In seinem Ursprungsland Südamerika wurde das Meerschweinchen bei den Indios in Ecuador und bei den Inkas in Peru in erster Linie als Nutztier gehalten. Das bedeutete, daß man die Tiere züchtete und in größerer Zahl hielt, um sich von ihrem Fleisch zu ernähren. In einigen Landstrichen Südamerikas ist es heute noch üblich, Meerschweinchenfleisch zu essen. Den Berichten nach soll es so ähnlich wie Kaninchenfleisch schmecken. Aber bevor wir uns darüber entrüsten, daß man in den genannten Regionen solche reizvollen Tiere im Kochtopf schmoren läßt, sollten wir daran denken, daß bei uns viele ebenso niedliche Kaninchen ein vergleichbares Leben für den Kochtopf führen.

Die Verbreitung des Meerschweinchens in Europa

Als historisch gesichert gilt es, daß im Jahre 1670 niederländische Seefahrer aus Surinam, dem damaligen Niederländisch-Guayana, einem Gebiet im Norden Südamerikas, Meerschweinchen mit nach Holland brachten. In Holland verlieh man den Tieren die Bezeichnung Meerzwijn, zu deutsch Meerschwein. Zunächst waren diese possierlichen Tiere echte Raritäten, die als Spieltiere nur von Kindern reicher Eltern gehalten werden konnten. Aber da sich die Meerschweinchen rasant vermehrten (hier bietet es sich an, einen kurzen Blick auf die Seite 58 zu werfen!), wurden schon bald Tiere nach England und Frankreich verkauft. Im Laufe der Jahre hielt das Meerschweinchen dann Einzug in alle Länder Europas, und nun auch in Ihre gute Stube, verehrter Leser.

Das Meerschweinchen und seine Verwandten

Die Meerschweinchen zählen zur Großgruppe, oder wie der Fachmann sagt, zur Ordnung der Nagetiere, das heißt zur zoologisch systematischen Gruppe der Rodentia. Zu dieser Großgruppe zählen viele sogenannte Familien. Unsere Meerschweinchen, die Caviidae (auch als Cavioidea bezeichnet) mit ihren 22 verschiedenen Arten, rechnet man dabei zur Familie der „Meerschweinchenartigen“, die wiederum eng verwandt sind mit den „Stachelschweinähnlichen“, den Hystricomorpha.
Innerhalb seiner Familiengruppe stellt das Meerschweinchen eine der kleineren „Ausgaben“ dar. Einer seiner Verwandten, das Wasserschwein (lat.: Hydrochoerus), kann ein Körpergewicht von bis zu 50 kg auf die Waage bringen. Das Wasserschwein ist dabei das größte Nagetier, das wir kennen.

Ebenfalls zur Familie der Meerschweinchenartigen zählen die Agutis, lat. Dasyproctidae. Die Agutis sind kurzohrige Nagetiere, die ein hasenähnliches Aussehen haben. Sie leben überwiegend in Südamerika. Daneben gibt es noch weitere Verwandte, auf die ich aber hier nicht näher eingehen möchte.
Die in Europa lebenden Meerschweinchen stammen von den wildlebenden Arten in Südamerika ab. Dort am weitesten verbreitet ist die Meerschweinchenstammform Cavia cutleri. Diese Ur-Meerschweinchen unterscheiden sich aber deutlich in der Farbgebung und der Fellbeschaffenheit von den in Europa gezüchteten Tieren, denn allein ihre Wildfarbe ist überwiegend gelb-graubräunlich und nicht zu vergleichen mit den vielen Farbschattierungen der gezüchteten Tiere.

Meerschweinchen als Spiel- und Versuchstiere

In unseren Breiten kennen wir das Meerschweinchen hauptsächlich als beliebtes Heimtier für Kinder. In dieser Funktion als Spielgefährte hat es sich außerordentlich bewährt. Aufgrund seiner ausgeprägten Friedfertigkeit ist es ja auch beson-

ders für kleinere Kinder ein idealer Spielkamerad.
Den meisten Menschen weniger bekannt dürfte die ganz andere Bedeutung des Meerschweinchens sein. Wegen seiner problemlosen Haltung und der enormen Vermehrungsmöglichkeit wird es seit vielen Jahren als Versuchstier für wissenschaftliche Zwecke eingesetzt. Ob der damit verbundene qualvolle Tod dieser Tiere, besonders im Zusammenhang mit der kosmetischen Forschung, tatsächlich notwendig ist, mag stark angezweifelt werden können. Unbestreitbar ist allerdings, daß das Meerschweinchen in vielen wissenschaftlichen Versuchsreihen mit zur erfolgreichen Bekämpfung einiger Infektionskrankheiten, beispielsweise sei hier die Tuberkulose genannt, beigetragen hat.

Verkauf von Meerschweinchen auf dem Marktplatz in Cuence, Ecuador

In freier Wildbahn lebendes Aguti

Dieses in seiner Ursprungsart belassene Goldaguti-Meerschweinchen zeigt bezüglich seiner Farbgebung und Fellbeschaffenheit deutlich die Verwandtschaft zum Aguti

Linke Seite:
Bild oben: Ein ausgewachsenes Wasserschwein mit einem Körpergewicht von ca. 50 kg

Bild unten: Ein Rudel Wasserschweine

Warum ausgerechnet ein Meerschweinchen und keine Rennmaus?

Wichtige Überlegungen vor dem Kauf

In vielen Fällen gelangt man mehr oder weniger über Nacht zur Anschaffung eines Meerschweinchens, nämlich spätestens dann, wenn das eigene Kind am Abend sich vor seine Eltern hinstellt und energisch darauf besteht, unbedingt und möglichst noch am selbigen Tage ein Meerschweinchen haben zu müssen, weil der beste Freund oder die allerbeste Freundin auch gerade eines bekommen hat und nun über- über- überglücklich sei. Nicht wenige Eltern, wir nehmen uns dabei nicht aus, können sich dieser „echten" Überzeugungskraft ihres Kindes verschließen und eilen am nächsten Tag höchstwahrscheinlich mit sehr verschieden großer Begeisterung in die nächstgelegene Tierhandlung.

Doch vor dem Kauf sollte man sich über folgende Gesichtspunkte kurz Gedanken machen:
Ein Meerschweinchen benötigt einen geräumigen Käfig, da es den größten Teil seines Lebens in diesem verbringen wird. Das heißt, man sollte einen Käfig mit mindestens folgenden Abmessungen besorgen: 65 cm in der Länge, 35 cm in der Breite und 35 cm in der Höhe. Haben Sie in Ihrer Wohnung einen hellen und im Winter geheizten Raum, in dem ein solcher Käfig Platz hat? Wenn das Kinderzimmer auch als Kinderschlafzimmer genutzt wird, sollte der Käfig in diesem Raum nicht aufgestellt werden, denn das Meerschweinchen gehört nicht gerade zu den Langschläfern. Es ist, unterbrochen von kurzen Schlafphasen, eigentlich rund um die Uhr aktiv, und dieses Verhalten kann den Schlaf eines Kindes stören.

Als nächstes muß man sich darüber im klaren sein, daß ein Meerschweinchen niemals stubenrein wird. Bei seinen Ausflügen in der Wohnung bleibt also manchmal etwas zurück. An dieser Stelle möchte ich einen praktischen Hinweis geben. Besonders in Teppichböden eingetrocknete Urinflecken können hinsichtlich ihrer Entfernung nicht unerhebliche Schwierigkeiten bereiten. Die besten Erfahrungen haben wir mit einem Mittel gemacht, das man uns im Zoofachhandel für die gelegentlichen „Ausrutscher" unseres Rauhaardackels Benny empfohlen hatte. Dieses Reinigungsmittel heißt „Fleck-raus".

Also schon aus hygienischen Gründen kann ein Meerschweinchen beim Freilauf in der Wohnung nicht unbeaufsichtigt bleiben.
Außerdem finden Meerschweinchen als geborene Nager es wahnsinnig interessant, alles anzunagen, was gut schmecken oder zum Zähneputzen geeignet sein könnte. Da hierfür ihrer Meinung nach ein elektrisches Kabel, die Tapete, der Holzfuß der Stehlampe oder ein auf dem Fußboden herumliegendes Buch gut geeignet erscheinen, nagen sie schnell darauf los – wenn man sie unbeaufsichtigt läßt.
Weiterhin sollte noch geklärt werden, wer während des Urlaubs für das Tier sorgt.
Bleibt noch zu bedenken, daß Meerschweinchen eigentlich Rudeltiere sind. Für diese Tiere ist es üblich, mit mehreren ihresgleichen zu leben und tagtäglich herumzutollen. Will man sich in der Haltung auf ein Tier beschränken, muß man sich täglich etwa 1 Stunde Zeit nehmen, um sich intensiv mit ihm zu beschäftigen, damit es den Verlust des Rudels besser verkraftet. Tut man dies nicht, verkümmert das Tier im Laufe der Zeit. Es vereinsamt und zeigt nach einiger Zeit ganz untypische Verhaltensweisen, wobei es oftmals sehr schnell träge zu werden beginnt.
Eine Alternative bestünde darin, zwei oder mehr Tiere anzuschaffen. Doch diesen Schritt sollte man sich gründlich überlegen. Ein Pärchen bekommt etwa 4- bis 5mal im Jahr durchschnittlich 2 bis 5 Junge, also im Jahresmittel kann man mit einem 15- bis 20köpfigen Nachwuchs rechnen. Hinzu kommt noch, daß die Jungtiere ihrerseits nach spätestens zwei Monaten geschlechtsreif sind und somit zu einer wahren Meerschweinchenexplosion beitragen können. Wüßten Sie, wohin mit so viel Nachwuchs?
Eine weitere Alternative zur Haltung eines Tieres könnte darin bestehen, zwei Weibchen zusammenzutun. Dies ist problemlos möglich. Es empfiehlt sich allerdings, darauf zu achten, daß ein Nachbarkind für eine „Meerschweinchenparty" nicht gerade ein männliches Tier mitbringt. Da der Paarungsakt als solcher lediglich wenige Sekunden dauert, ist für Nachwuchs oftmals schon gesorgt, bevor man richtig hingeschaut hat. Beim Kauf eines oder auch mehrerer Weibchen muß man allerdings unbedingt auf einem Jungtier bestehen, welches als Weibchen nicht älter als 6 Wochen sein darf, weil man bei einem älteren, also geschlechtsreifen Tier, höchstwahrscheinlich den zu erwartenden

Nachwuchs gleich mitkaufen würde. Zwei Männchen lassen sich nicht so problemlos zusammentun, denn nach Erreichen der Geschlechtsreife fangen sie an, sich zu bekämpfen, und das kann bei den ansonsten völlig friedfertigen Tieren in diesem Fall zu ernsthaften Verletzungen führen, so daß man die beiden Kampfhähne schnellstens trennen muß.
Bleibt als letzte Möglichkeit noch zu überlegen, ob nicht die Kastration des männlichen Tieres in Frage kommt. Bei einer Kastration werden dem Meerschweinchen vom Tierarzt unter Betäubung die Hoden operativ entfernt, so daß es fortan keine Nachkommen mehr zeugen kann. Dies ist bei einem ausgewachsenen Meerschweinchen ab etwa 10 Monaten grundsätzlich machbar. Ein Weibchen und ein kastriertes Männchen können in einem Käfig gut miteinander auskommen. Allerdings ist die Operation zum einen nicht gerade billig, man muß mit etwa 20,– bis 30,– DM rechnen, und zum anderen sind die Tage danach mit dem von der Operation geschwächten Tier nicht unbedingt angenehm. Zudem haben wir die Erfahrung gemacht, daß es etwas problematisch ist, kleineren Kindern die Notwendigkeit eines solchen Eingriffes verständlich zu machen. Kinder denken nämlich nicht so realistisch und praxisorientiert wie wir Erwachsenen.
Die Sterilisation des weiblichen Tieres, also die entsprechende Unfruchtbarmachung, wird im allgemeinen nicht in Betracht gezogen, da es sich hierbei um eine kompliziertere Operation handelt, denn für einen solchen Eingriff muß der Tierarzt eine Bauchhöhlenöffnung vornehmen.
Abschließend sollte noch überlegt werden, ob man sich beim Kauf eines Einzeltieres für ein Weibchen oder ein Männchen entscheidet. Weibchen bleiben kleiner als ihre männlichen Artgenossen und werden als Einzeltiere oftmals anhänglicher. Die Männchen hingegen werden größer und sind im allgemeinen auch ein wenig lebendiger und wagemutiger. Allerdings kann es bei männlichen Tieren nach Erreichen der Geschlechtsreife zu einem etwas strengeren Geruch kommen, als dies bei den weiblichen Tieren der Fall ist. Dagegen hilft dann nur ein häufiges Reinigen des Käfigs.

Ist es ein Männchen oder ein Weibchen?

Um zu kontrollieren, ob man im Zoofachhandel das gewünschte

So wird das Geschlecht bestimmt

Männliches Tier

Beim Männchen tritt der Penis hervor, wenn mit dem Zeigefinger vorsichtig auf den Bauch gedrückt wird. Zwischen Penis und Analöffnung ist ein Abstand erkennbar.

Weibliches Tier

Beim Weibchen liegen die Geschlechts- und die Analöffnung sehr dicht untereinander.

Männchen oder Weibchen bekommen hat, muß man wissen, wie das Geschlecht eines Meerschweinchens festgestellt wird. Andernfalls könnte man eine Überraschung erleben, wenn der liebe Hansi nach einigen Wochen völlig unerwartet mehrere Junge um sich schart. Zur Geschlechtsbestimmung bringt man das Tier am besten in die sogenannte Schocklage. Dazu dreht man das Meerschweinchen möglichst schnell in die Rückenlage. Nicht nur unser Meerschweinchen, auch andere Kleintiere bleiben bei dieser Überraschungstaktik einige Sekunden völlig regungslos. Sie fühlen sich ganz plötzlich absolut ausgeliefert, also auch fluchtunfähig, so daß sie instinktmäßig in die Schreckstarre verfallen. Sie stellen sich dann so, als wären sie tot. (Näheres dazu erläutern die Ausführungen in dem Abschnitt „Verhaltensformen unter besonderen Bedingungen"). In dieser Position wirft man einen Blick auf die Aftergegend des Tieres. Bei einem Männchen liegen After- und Penisöffnung ein wenig auseinander. Außerdem lassen sich neben der Afteröffnung die beiden Hoden als etwas dicklichere Wülste erkennen. Drückt man nun vorsichtig mit dem Zeigefinger oberhalb der Penisöffnung auf den Bauch des Tieres, dann tritt der Penis aus seiner Genitialöffnung hervor. Dieses kleine „Kunststückchen" kann ein Weibchen nicht vollbringen. Außerdem liegen bei einem weiblichen Tier die Genitial- und die Afteröffnung dichter beisammen. Auf diese Weise läßt sich ein Männchen, auch Bock genannt, von einem Weibchen unterscheiden. Dies ist bei Jungtieren allerdings schwieriger als bei älteren Tieren.

Ist das Meerschweinchen gesund?

Nicht nur beim Kauf, sondern auch später bei der Haltung sollte man stets aufmerksam darauf achten, ob das Tier typische Symptome zeigt, die auf eine Krankheit hinweisen. Zunächst einmal kontrolliert man die Augen. Diese sind im gesunden Zustand klar, in einem kranken Zustand dagegen gerötet, verklebt und möglicherweise geschwollen. Ebenso weisen eine Entzündung und ein eitriger Ausfluß im Nasenbereich auf einen Krankheitsbefund hin.

Der nächste Blick gilt dem Fell. Bei einem kranken Tier kann das Fell kahle Stellen aufweisen oder insgesamt stark ausgedünnt sein.

Für die nun folgende Kontrolluntersuchung nimmt man das Tier so in die Hand, daß man einen Blick auf seine Aftergegend werfen kann. Ein mit Kotresten verklebter After oder auch ein an dieser Stelle sehr verschmutztes Fell weisen darauf hin, daß das Tier an Durchfall leidet, was bei Meerschweinchen als Krankheitssymptom besonders ernst genommen werden muß.

Des weiteren empfiehlt es sich, das Tier beim Laufen zu beobachten, denn ein geschwächtes oder krankes Meerschweinchen fängt dabei nach kurzer Zeit an, keuchend zu atmen. Dies kann allerdings auch ein Hinweis auf das Alter des Tieres sein, denn ebenso wie bei uns Menschenkindern ist ein älterer Kandidat nicht mehr so gut zu Fuß wie ein junger Hüpfer.

Bei einem älteren Tier muß der Blick auch auf die Krallen und Zehen gelenkt werden. Sind sie stark verformt oder verwachsen, dann liegt dies wahrscheinlich daran, daß das Tier entweder zu wenig Bewegung hatte oder daß keine Krallenpflege durchgeführt wurde.

Beim Kauf eines Meerschweinchens sollte man sich schon für ein Jungtier entscheiden. Jungtiere sind im allgemeinen etwas lebendiger und auch gewöhnungsfreudiger als ihre älteren Kollegen. Bereits nach etwa 6 Wochen sind Jungtiere nicht mehr von der Mutter abhängig und können sich an ein neues Zuhause gewöhnen. Man bezeichnet Meerschweinchen bis zu einem Alter von 6 Monaten als Jungtiere, danach gelten Sie als ausgewachsen. Jungtiere wiegen zwischen 300 g und 600 g. Ein ausgewachsenes Weibchen wiegt durchschnittlich 800 g. Ein ausgewachsenes Männchen wird etwas größer und somit auch etwas schwerer, es bringt durchschnittlich ca. 1000 g auf die Waage. Natürlich gibt es Abweichungen von der Norm, so daß ein kapitales Männchen gut und gerne seine 1500 g Gewicht erreichen kann. Aber – egal ob Männchen oder Weibchen – bei erheblicher Abweichung vom normalen Gewicht muß immer geklärt werden, ob das „massige" Gewicht nicht etwa eine Überfettung des Tieres aufgrund von falscher Fütterung ist. In einem solchen Fall ist dringend vom Kauf abzuraten, denn eine Diätkur wirkt sich nur sehr langsam aus, und es bleibt die Frage, ob wegen des Übergewichtes nicht bereits irreversible Schäden eingetreten sind, wie z. B. die Verformung der Zehen.

Die Lebenserwartung eines Meerschweinchens liegt bei etwa 6–8 Jahren. Allerdings ist es durchaus möglich, daß einzelne Tiere ein Alter von bis zu 10 Jahren, in wenigen Fällen sogar bis zu 15 Jahren erreichen können.

Die verschiedenen Meerschweinchenrassen

Wie schon in dem Kapitel über das Meerschweinchen und seine Verwandten erwähnt wurde, gibt es 22 verschiedene Meerschweinchenarten. Diese 22 Arten lassen sich in drei Rassen aufteilen:

- die Kurzhaarmeerschweinchen
- die Rosettenmeerschweinchen
- die Langhaarmeerschweinchen

Die *Kurzhaarmeerschweinchen* zeichnen sich durch ein kurzes und glattes Fell aus. Sie werden deshalb auch des öfteren als Glatthaarmeerschweinchen bezeichnet. Es ist meines Erachtens leicht einzusehen, daß die Tiere dieser Rasse im Gegensatz zu den langhaarigen Kollegen die wesentlich pflegeleichteren sind. Besonders wenn der zukünftige Halter sich noch im Kindergartenalter befindet, möchte ich dazu raten, sich für ein Kurzhaarmeerschweinchen zu entscheiden, da ein zeitaufwendiges Kämmen der Haare entfällt und somit die Sauberkeit des Tieres insgesamt leichter gewährleistet ist. Die kurzhaarige Rasse ist im Laufe der Jahre zu verschiedenen Arten hin gezüchtet worden. Es gibt sie als einfarbige, als mehrfarbige, als schildkrötenfarbige Tiere und als Albinos, welche eine spezielle Züchtung mit völlig weißem Fell und rotfarbigen Augen sind. Bei den schildkrötenfarbigen Meerschweinchen sollen möglichst gleichmäßig auf beide Körperseiten verteilt Farbflecken in quadratischer Form vorhanden sein. Eine solche Aufteilung erinnert an den Schuppenpanzer einer Schildkröte, woher auch der Name stammt. Je besser im Verlauf einer Züchtung dieses Muster erreicht wird, desto wertvoller ist das Tier. Dieser Aspekt ist allerdings wohl nur für einen Züchter interessant. (Näheres dazu im Kapitel „Verschiedene Zuchtmethoden“).

Die *Rosettenmeerschweinchen* stellen eine besondere Züchtung dar. Diesen Tieren hat man im Laufe der Jahre mehrere über den Körper verteilte Haarwirbel angezüchtet, so daß ihr Fell immer etwas verwegen und struppig aussieht. Die Länge der Fellhaare entspricht dabei ganz derjenigen der Glatthaartiere. Die Rosettenmeerschweinchen sind

aber trotz der teilweise abstehenden Haare ebenso leicht zu pflegen.
Bei der dritten Gruppe, den *Langhaarmeerschweinchen,* die man auch als Angorameerschweinchen bezeichnet, haben wir es mit extrem langhaarigen Tieren zu tun. Ihr Haarkleid wird durchschnittlich 10 bis 15 cm lang und muß zwei- bis dreimal in der Woche gründlichst ausgekämmt werden. Es gibt sogar Angoraarten, deren Haarkleid noch länger ausfällt, wobei dann zur Haarpflege auch noch das gelegentliche Haarschneiden hinzukommt.
Letztendlich ist es aber wohl eine reine Geschmacksfrage, ob man sich für einen langhaarigen Beatle oder einen adretten Kurzhaartyp entscheidet. Im Zweifelsfall trifft man mit dem etwas frecher wirkenden Wirbeltyp einen guten Kompromiß.

Kurhaarmeerschweinchen: o. Holländer Schecke; u. Englisch Kurzhaar

Dreifarbige Kurzhaarmeerschweinchen

Dreifarbige Rosettenmeerschweinchen

Dreifarbige Rosettenmeerschweinchen

Langhaarmeerschweinchen, Peruanische Seidentiere

Langhaarmeerschweinchen, oben: Peruanisches Seidentier

Warum kann ein Meerschweinchen nicht im Schuhkarton leben?

Meerschweinchenkäfige für die Wohnung und für den Garten

Ein Schuhkarton in seiner handlichen Größe von ca. 35 mal 20 cm wäre durchaus in der Lage, ein Meerschweinchen aufzunehmen, aber als Wohnung kann er schon deshalb nicht dienen, weil bereits nach dem ersten Toilettengang der Fußboden Auflösungserscheinungen zeigen würde.
Und damit sind wir auch schon bei einem wichtigen Anhaltspunkt im Hinblick auf die Käfighaltung in der Wohnung. Sämtliche Materialien, die nicht absolut urinfest sind, sollten als Baumaterial im Hinblick auf einen Meerschweinchenkäfig für die Wohnung nicht genommen werden. Es kommen also nicht in Frage: beschichtete Pappe, Preßpappe, Holz, beschichtetes Holz oder Spanplatten. Auch nach einer Imprägnierung bieten diese Materialien ideale Nistplätze für Bakterien verschiedenster Art, welche verursacht werden durch Stoffwechselendprodukte aufgrund der Urin- und Kotausscheidung des Tieres.
Besonders bei der Tierhaltung in der Wohnung sollte man sich hierbei auf keine Kompromisse einlassen. Selbst ein tägliches Reinigen mit bakterienabtötenden Mitteln ist praktisch kaum durchführbar, weil die solchermaßen behandelten Materialien eine sehr lange Durchtrocknungszeit haben.
Für die Wohnung am besten geeignet sind die im Handel erhältlichen Meerschweinchenkäfige. Zum größten Teil bestehen diese aus einem Unterteil aus säurefestem Plastikmaterial und einem Oberteil aus Gitterstäben. Im Zoofachhandel wie auch in den entsprechenden Abteilungen größerer Kaufhäuser werden die unterschiedlichsten Formen und Größen angeboten. Für die Haltung eines Meerschweinchens sollte man aber nicht aus Kostengründen den kleinsten und billigsten Käfig wählen. Man muß sich einmal vor Augen führen, daß ein Meerschweinchen die meiste Zeit seines Lebens in dem Käfig verbringen wird, und sich dann fragen, ob man selbst den größten Teil seines Lebens in einer ca. 10 m^2 kleinen Wohnung verbringen möchte. Nun, zugegeben, ein Mensch ist kein Meerschweinchen, aber eines haben doch beide gemeinsam: in gesundem Zustand bewegen sie sich gern, und dafür braucht man nun einmal Platz. Es empfiehlt sich demzufolge, einen Käfig zu kaufen, der eine Grundfläche von etwa 65 mal 35 cm hat. Im Handel muß man für einen

solchen Käfig ungefähr 40,– DM ausgeben.
Für die Haltung mehrerer Tiere muß natürlich ein größerer Käfig oder eine entsprechende Anzahl von Einzelkäfigen besorgt werden. Auf eines sollte man bei dem zukünftigen Käfig aber immer besonders achtgeben: Das Unterteil, bzw. die herausziehbare Bodenschale, müssen eine Mindesthöhe von 12 cm haben. Wird dieses Maß unterschritten – bei sehr preiswerten Käfigen häufig der Fall –, dann können Sie sich bald in der Nähe des Käfigs vor herausgeworfenem Einstreumaterial nicht mehr retten. Wenn das Meerschweinchen seine tollen 5 Minuten hat – das geschieht bei einem jungen und gesunden Tier täglich des öfteren –, dann jagt es wie verrückt im Käfig herum, wobei Einstreu und eventuell auch Futter hochgewirbelt werden und so über den Rand durch die Gitterstäbe sausen. Will man dieses Problem ganz ausschließen, dann sollte man sich einen Käfig besorgen, welcher aus Vollkunststoff besteht und an der Vorderseite statt des Drahtgitters eine durchsichtige Kunststoffscheibe besitzt. Bei einem solchen Käfig dient dann ein Drahtgitter als Deckel. Ein solchermaßen gebauter Käfig ist allerdings etwas teurer in der Anschaffung, aber er ist meines Erachtens besonders gut geeignet, weil er absolut streusicher ist und aufgrund der vorderseitigen Plexiglasscheibe hervorragende Beobachtungsmöglichkeiten bietet. Falls Sie oder Ihr Sprößling sich zu den Hobbyfotografen rechnen, dann haben Sie hier bessere Möglichkeiten als bei den herkömmlichen Drahtgitterkäfigen, die auf Fotos oft den unvermeidlichen Gefängniseindruck vermitteln.
Wichtig ist auch die Frage nach dem Standort des Käfigs in der Wohnung. Neben den Gesichtspunkten, die ich bereits in dem Abschnitt „Wichtige Überlegungen vor dem Kauf“ erwähnt habe, sollte noch beachtet werden, daß der Käfig möglichst auf einem Tischchen oder einer Kommode steht, damit das Tier beobachten kann, was im Zimmer so vor sich geht. Schließlich braucht ein Meerschweinchen, das allein gehalten wird, Abwechslung, und das Beobachten der anderen Hausbewohner ist eine solche Abwechslung. Vom Fußboden aus ist dagegen der Blickwinkel für das Tier sehr stark eingeschränkt. Der Standort für den Käfig sollte dabei nicht direkt an einem Heizkörper und auch nicht vor einem Fenster mit möglicherweise stundenlanger Sonnenein-

Meerschweinchenkäfige für die Wohnung

Auf einem Alu-Rolltisch lassen sich mehrere Käfige platzsparend unterbringen. Bei den hier abgebildeten Innenkäfigen kann durch ein einschiebbares Trenngitter ein kleineres Abteil geschaffen werden, um z. B. das Männchen vorübergehend von dem weiblichen Tier fernzuhalten.

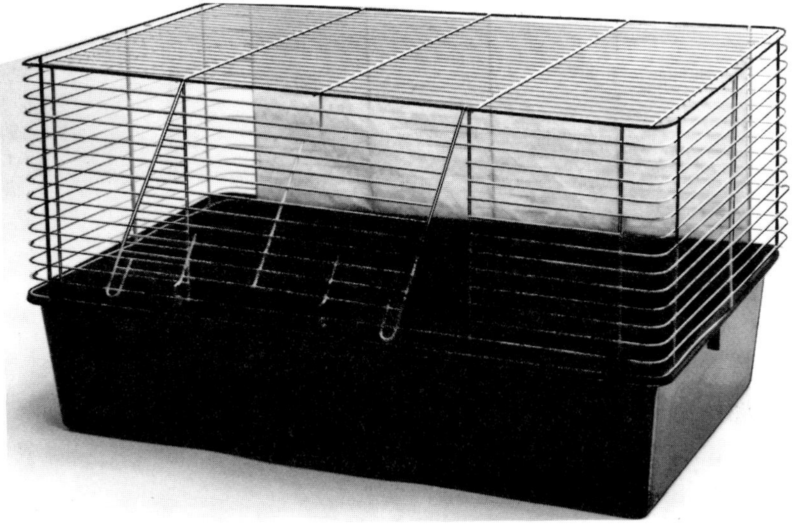

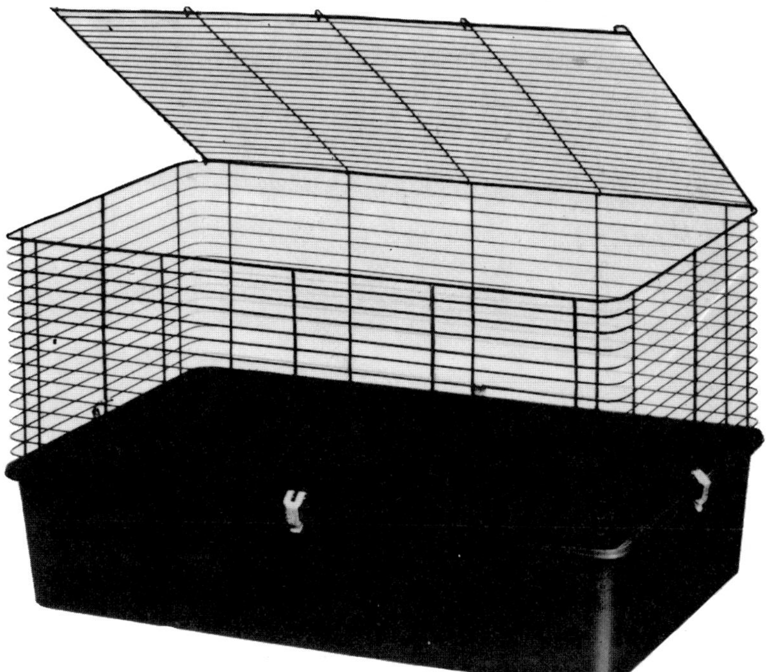

strahlung gewählt werden, denn das Meerschweinchen verträgt einen längeren Hitzestau ebensowenig wie eine längere Kälteeinwirkung.
Als Notlösung für die Haltung des Tieres innerhalb eines kürzeren Zeitraumes, um z. B. auszuprobieren, ob ein Meerschweinchen wirklich der geeignete Hausfreund ist, kann ich folgendes empfehlen. Man besorgt sich eine Plastikwanne, welche ebenfalls in etwa das Grundmaß von 60 mal 35 cm hat und einen ca. 20 cm hohen Rand aufweist. Dieser Übergangskäfig ist hygienisch, leicht zu reinigen und ließe sich auch anderweitig verwenden. Da Meerschweinchen in der Regel keine allzu guten Kletterer sind, braucht man auch nicht Bedenken zu haben, daß sie über den glatten Rand dieser Plastikwanne gelangen.

Meerschweinchenhaltung im Freien

Im Gegensatz zu den Wohnungskäfigen braucht man an das Material für die Außenkäfige nicht ganz so strenge Anforderungen stellen. Das liegt unter anderem daran, daß beispielsweise feuchtes Holz, welches der Witterung ausgesetzt ist, durch Sonne und Wind wesentlich schneller wieder austrocknen kann.

Ebenso spielt die Geruchsbildung bei der Außenhaltung eine wesentlich geringere Rolle. Aber dennoch sollte man auch bei einem selbstgezimmerten Meerschweinchenkäfig für die Terrasse oder den Garten einen Bodeneinsatz aus säurefestem Plastikmaterial nehmen, um der Bakterienbildung vorzubeugen. Die folgenden Zeichnungen zeigen für den versierten Hobbybastler Meerschweinchenkäfige für die Außenhaltung.

Meerschweinchenkäfige für den Garten

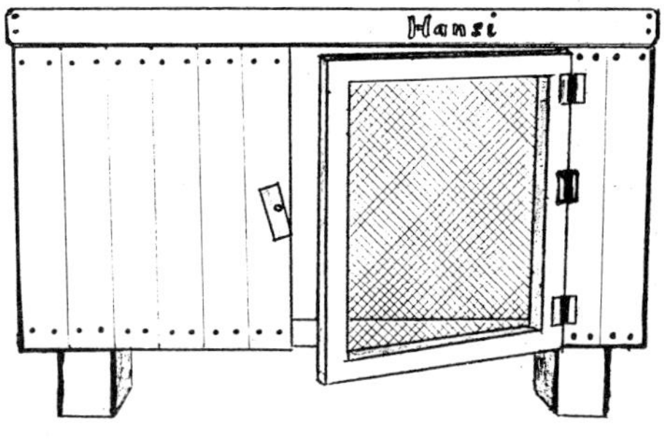

Größerer Außenkäfig für die Haltung mehrer Tiere

In solchen Außenbehausungen können die Meerschweinchen je nach Witterung von Mai bis September bleiben. Voraussetzung dabei ist ein ausreichender Wetterschutz und eine Absicherung gegen das Eindringen anderer Tiere. Bedenken Sie, daß schon eine etwas mutigere Maus ein wehrloses und nicht auf Verteidigung eingestelltes Meerschweinchen in Bedrängnis bringen kann. Soll das Meerschweinchen nur hin und wieder bei schönem Wetter im Garten die frische Luft genießen, dann muß für den Sommerfrischler ein Freilaufgehege angefertigt werden. Für ein Meerschweinchen rechnet man dabei eine Grundfläche von etwa einem Quadratmeter. Eine solche Fläche läßt sich verhältnismäßig schnell mit 4 in den Boden geschlagenen, etwa 50 cm langen Holzpflöcken abstecken, um die man dann einen engmaschigen Drahtzaun spannt. Ein kleines Schutzhäuschen innerhalb dieses Geheges sorgt für einen schattigen Unterschlupf. Allerdings sollte man bedenken, daß ein solches Gehege zwar das Meerschweinchen vor dem Wegrennen sichert, nicht aber andere Tiere von einem möglicherweise unerfreulichen Besuch abhält. Für eine wildstreunende hungrige Katze oder für einen Drahtzaun-

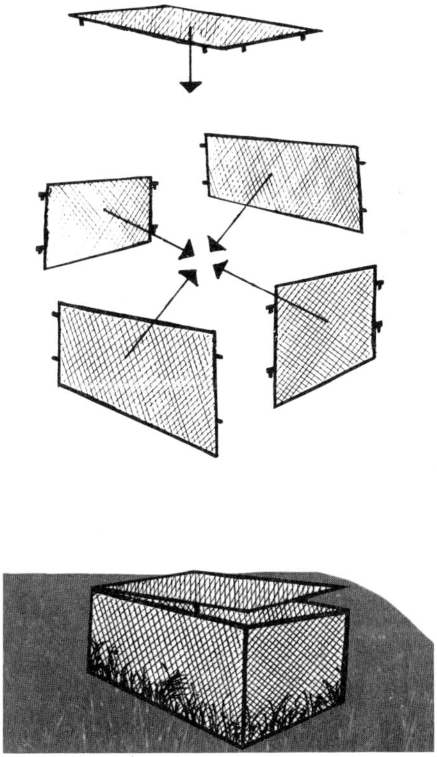

Zusammensteckbares Freigehege mit Dachsicherung. Stellt man noch ein Schutzhäuschen hinein, dann braucht „Mucki“ keinen unliebsamen Besuch zu fürchten. Im Winterhalbjahr bequem auf dem Dachboden zu lagern.

Warum kann ein Meerschweinchen nicht im Schuhkarton leben?

Einfaches Freigehege für einen kürzeren Aufenthalt in der Sommerfrische.

Größerer Gartenauslauf mit Schutzhaus, geeignet für eine Meerschweinchenfamilie.

erfahrenen Marder könnte unser Meerschweinchen zu einem leichtverdienten Sonntagsbraten werden. Dagegen vorbeugen läßt sich in gewissem Maße, indem man einen schützenden Deckel für das Freigehege baut. Einen vollkommenen Schutz erreicht man aber nur dadurch, daß man das Tier unter Aufsicht behält. Ich möchte sowieso dazu raten, das Meerschweinchen des Nachts wieder in die Wohnung zu nehmen, um von vornherein zu vermeiden, daß es von anderen Tieren angefallen wird und auch, um gar nicht erst fremde Tiere anzulokken.
Grundsätzlich ist eine Ganzjahreshaltung im Freien möglich, wenn für ein frostsicheres Häuschen innerhalb des Freigeländes gesorgt wird. Dies ist allerdings mit größerem Aufwand und höheren Kosten verbunden, und es wird dabei eine so enge Bindung zwischen Mensch und Tier, wie sie sich bei der Käfighaltung in der Wohnung bildet, kaum zu erreichen sein, weil der häufigere Kontakt unterbleibt.

Notwendiges Käfigzubehör

Zunächst einmal muß für einen größeren Vorrat an sogenannter Käfigeinstreu gesorgt werden. Diese Einstreu dient dem Tier als Ersatz für den natürlichen Grasboden, und sie saugt gleichzeitig den Urin auf, so daß der Geruchsbelästigung entgegengewirkt wird. Die Einstreu sollte mindestens einmal in der Woche erneuert werden, wobei dann die Käfigunterlage gründlich gereinigt wird. Da Meerschweinchen im allgemeinen die Angewohnheit haben, immer in derselben Ecke zur Toilette zu gehen, kann man diese Stelle im Käfig alle ein bis zwei Tage leicht säubern. Es gibt verschiedene Einstreuarten. Man kann sich aus einer Tischlerei relativ preisgünstig Hobelspäne als Einstreu besorgen. Die Saugfähigkeit ist allerdings nicht so gut wie bei der im Handel erhältlichen Einstreu für Katzentoiletten. Diese ist in den Großpackungen auch noch einigermaßen preiswert und eignet sich hervorragend für die Meerschweinchenhaltung, weil sie gut saugfähig ist und der Bakterienbildung entgegenwirkt.
Theoretisch ließe sich auch eine Einstreu aus Torf verwenden, aber aus praktischen Gründen möchte ich davon abraten. Loser Torf staubt

sehr stark und kann daher die Wohnung leicht verschmutzen. Zudem finden sich im Torf bisweilen Krankheitserreger, die auf das Meerschweinchen übergehen könnten. Und auch aus ökologischen Gründen sollte man nicht leichtfertig zum Abbau der letzten Moorgebiete beitragen, wenn sogar geeignetere Ersatzstoffe zur Verfügung stehen.

Als nächstes Zubehör muß ein Futternapf besorgt werden. Hierbei ist zu beachten, daß ein möglichst schwerer und unten breiterer Napf genommen wird, der nicht umkippen kann, wenn das Meerschweinchen sich mit seinen Pfoten auf den Rand stellt.

Ein kippsicherer Futternapf

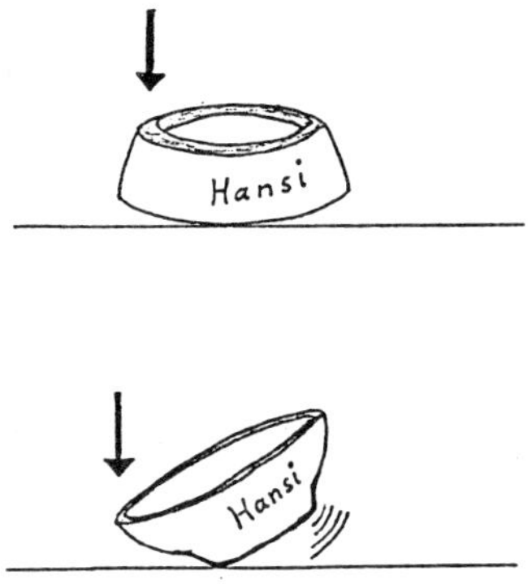

Bei der Wahl des Futternapfes muß darauf geachtet werden, daß ein unten breites Gefäß ausgesucht wird. Oben breitere Gefäße kippen um, wenn sich das Meerschweinchen mit seinen Pfoten auf den Rand stellt.

Weiterhin ist eine sogenannte Futterraufe notwendig, welche im Zoofachhandel angeboten werden. Dieser Behälter ist wichtig, damit Heu und Grünfutter nicht mit der Einstreu vermischt werden.

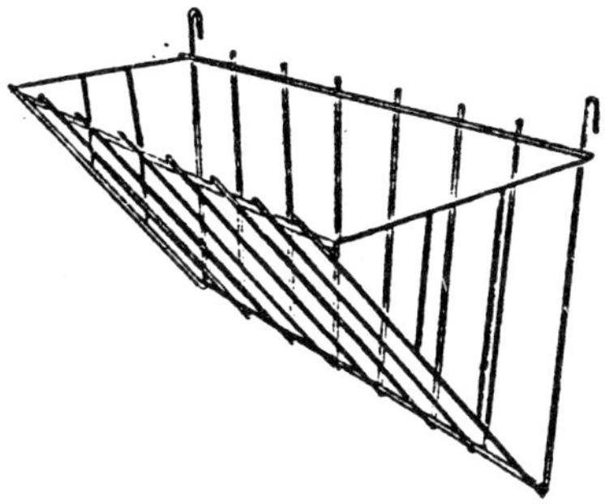

Eine der handelsüblichen Futterraufen, die so an der Käfigwand befestigt wird, daß das Meerschweinchen bequem Heu und Grünfutter zwischen den Gitterstäben herausziehen kann.

Nun benötigt man noch einen Trinkautomaten und die Küche der Meerschweinchenwohnung ist vollständig eingerichtet. Ein solcher Trinkautomat ist auf jeden Fall einem offenen Trinkgefäß vorzuziehen, weil beim Herumtoben des Tieres das Wasser in einem offenen Trinkgefäß sehr schnell verschmutzt wird.

Ein Trinkautomat

Diese Wasserspender gibt es mit verschiedenen Befestigungsmöglichkeiten. Der hier abgebildete wird in einen Käfig mit Drahtgitteroberteil eingehängt.

Als letztes notwendiges Zubehörteil benötigt man noch ein Schlafhäuschen. Das Meerschweinchen ist zwar ein sehr geselliges Tier, aber es braucht einen Unterschlupf, um sich für einige Zeit im Schutze seiner „Höhle“ auszuruhen. Diese Häus-

chen gibt es ebenfalls preiswert im Zoofachhandel zu kaufen, oder man baut sich ein solches selbst aus wasserfestem Sperrholz. Ein Boden wird dabei nicht eingearbeitet, damit sich kein Urin festsetzen kann. In diesem Fall gibt es für das Material Holz kaum eine Alternative. Im folgenden werden als Bauvorlage einige Hausmodelle gezeigt.
Es ist ratsam, das Dach des Häuschens möglichst waagerecht anzufertigen, da das Meerschweinchen gern diesen Platz für eine gute Aussichtsposition in Anspruch nimmt.

Verschiedene Schlafhäuschen

Typ: Nordika

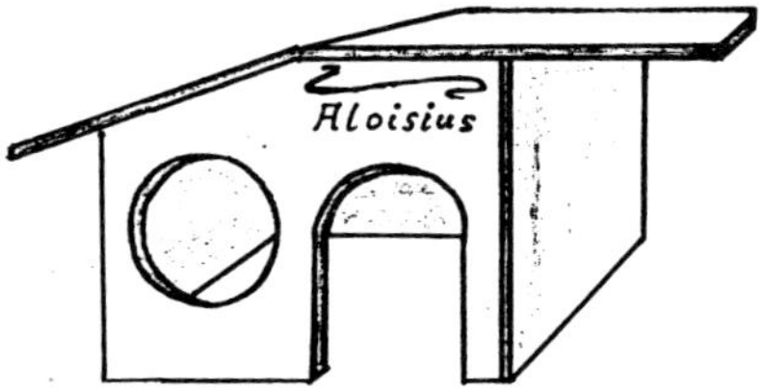

Typ: Bavaria

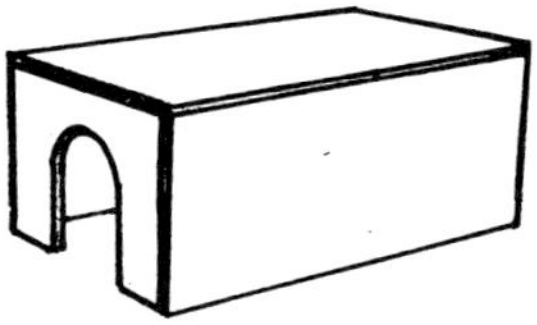

Typ: Standard

Der sichere Griff

Bevor Sie ein Meerschweinchen zum ersten Mal aus seinem Käfig nehmen, sollten Sie sich zwei Gesichtspunkte vor Augen führen:

1. Meerschweinchen beißen oder kratzen nicht, sie sind absolut gutmütig, so daß man wirklich keine Angst zu haben braucht.

2. Meerschweinchen haben sehr zarte und leicht zerbrechliche Gliedmaßen. Ein Fall aus einer Höhe von etwa 1,50 m bedeutet daher fast immer die Gefahr einer schweren Verletzung des Tieres.

Nehmen Sie das Meerschweinchen aus seinem Käfig heraus, dann fassen Sie es mit beiden Händen. Eine Hand schieben Sie längs unter den Bauch des Tieres, und mit der anderen Hand bedecken Sie den Rücken, so daß ein Wegrutschen oder Herunterfallen verhindert werden kann.

Bei längerem Tragen kann man sich das Meerschweinchen auch mit seinem Bauch auf den Unterarm legen und sichert dann ebenfalls mit der anderen Hand den Rücken. Kindern sollte man einprägen, daß sie das Tier niemals an den Beinen ziehen dürfen und es auch nicht zu fest drücken. Kleinere Kinder nehmen das Tier mit beiden Händen aus dem Käfig heraus und drücken es vorsichtig so gegen ihre Brust, daß es sich mit seinen Beinen abstützen kann.

Das richtige Tragen

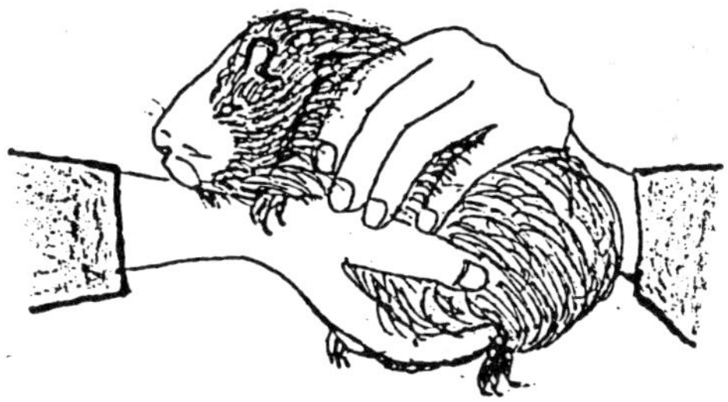

Mit einer Hand unter den Bauch des Tieres fassen, mit der anderen Hand den Rücken umschließen. So kann das Meerschweinchen nicht versehentlich wegrutschen.

Meerschweinchen und andere Heimtiere

Das Zusammenleben zwischen Meerschweinchen und anderen Heimtieren läßt sich etwas vereinfacht ausgedrückt auf folgende Formel bringen: Wenn das Meerschweinchen als Jungtier zusammen mit einem anderen Jungtier, z. B. Hund oder Katze, aufwächst, wird es höchstwahrscheinlich zu einem friedlichen Zusammenleben der verschiedenen Tierarten kommen. In jedem anderen Fall wird es mit großer Wahrscheinlichkeit Probleme geben.

Eine Ausnahme ist lediglich im Zusammenleben zwischen Zwergkaninchen und Meerschweinchen zu sehen, was normalerweise reibungslos verläuft. Aber auch in diesem Fall sollten niemals mehrere Zwergkaninchen mit einem Meerschweinchen zusammengetan werden.

Zu welchen Problemen kann es nun im einzelnen kommen? Wird ein Meerschweinchen in einem Haushalt aufgenommen, in dem schon seit längerer Zeit ein Hund lebt, sollte man das Meerschweinchen nicht mit dem Hund direkt zusammenbringen. Der Hund wird das Meerschweinchen nur so lange unbeachtet lassen, wie es in seinem Käfig bleibt. Freilaufend erweckt das Meerschweinchen höchstwahrscheinlich den Jagdtrieb des Hundes und im nächstbesten unbeobachteten Moment wird Fiffi einmal kurz zupacken und mit dem völlig wehrlosen Hausgenossen kurzen Prozeß machen. Sicher spielen auch Neidgefühle eine Rolle dabei, denn der Hund kann den neuen Mitbewohner als Konkurrenten empfinden, der ihm vielleicht die Zuneigung seines Halters streitig machen wird. Das gleiche Verhalten trifft auch für eine Katze zu. Natürlich gibt es Ausnahmen, wobei besonders friedfertige Hunde oder Katzen den Neuankömmling dulden und sogar mit ihm spielen.

Aber um das herauszubekommen, müßten Sie das Risiko auf sich nehmen, Hund und Meerschweinchen zusammen frei laufen zu lassen, um zu beobachten, wie sich die beiden verhalten werden. Nur, machen Sie sich dabei nichts vor! So schnell wie Fiffi oder Mieze zubeißen, können Sie im Fall des Falles gar nicht die Hand dazwischen halten. Auf diese Weise haben sicherlich schon etliche Meerschweinchen solche „Annäherungsversuche“ mit ihrem Leben bezahlen müssen. Deshalb rate ich grundsätzlich davon ab, außer in

den genannten Fällen Meerschweinchen mit anderen Heimtieren zusammenzubringen.
Auch Papageien und größere Sittiche werden dem Meerschweinchen meist aus Gründen der Eifersucht schnell gefährlich, so daß ein gezielter Schnabelhieb das vorzeitige Ende des Tieres bedeuten könnte.
Besonders wenn Kinder im Haushalt leben, sollte man als verantwortungsbewußte Eltern den Kleinen solche unschönen Erfahrungen ersparen.
Selbst die kleinen Rennmäuse oder Hamster dürfen nicht mit Meerschweinchen zusammengetan werden, da auch diese Tiere sehr schnell merken, daß sie in dem Meerschweinchen ein völlig wehrloses Gegenüber haben, welches sie ziemlich risikolos angreifen oder zumindest ärgern können.

Warum mag das Meerschweinchen so gern Möhren?

Futter für ein Nagetier

Wie in dem Abschnitt „Das Meerschweinchen und seine Verwandten" näher ausgeführt, zählt es zur Großgruppe der Nagetiere. Und da Nagetiere nun einmal gern nagen, ist es verständlich, daß das Meerschweinchen z. B. Möhren, an denen es seine Nagezähne so richtig zum Einsatz bringen kann, dankend annimmt.
Die Fütterung orientiert sich an einer Mischung aus den folgenden drei Futterarten:

1. Trockenfutter
2. Saftfutter
3. Kraftfutter

Unter *Trockenfutter* versteht man Heu, welches unterschiedlicher Art sein kann, also z. B. Wiesenheu, Bohnenstroh, Haferstroh und ähnliches. Heu gibt es fertig abgepackt in den Zoofachgeschäften oder man besorgt es sich bei einem Bauern in der Nähe. Wichtig dabei ist:
Das Heu soll möglichst würzig riechen und nicht allzu sehr verstaubt sein, sonst ist es zu alt und als Trokkenfutter für das Meerschweinchen ungeeignet. An überaltertem, verschimmeltem Heu können Meerschweinchen jämmerlich zugrundegehen.

Saftfutter besteht aus frischem Grün, Obst und Gemüse. Diese Pflanzenprodukte enthalten sehr viel Flüssigkeit, daher die Bezeichnung Saft-Futter. Als Grünfutter eignen sich z. B. Löwenzahnblätter, Gras, Klee, Vogelmiere u. ä.

Zu beachten dabei ist:
Grünfutter nicht vom Rand vielbefahrener Straßen nehmen, da eine Vergiftung des Futters durch die Autoabgase möglich ist. An Obst können alle Sorten gegeben werden. Bedenken sollte man lediglich, daß Obstschalen häufig Pflanzenschutzreste enthalten, so daß diese Abfälle vorsichtshalber lieber nicht verfüttert werden sollten.
Beim Gemüse eignen sich auch nahezu alle Arten als Saftfutter. Allerdings erscheint es ratsam, Kohl nur in sehr kleinen Mengen oder gar nicht zu verfüttern, weil die durch dieses Gemüse verursachten Blähungen dem Meerschweinchen schwer zu schaffen machen können. Vor dem Verfüttern von Kopfsalat möchte ich auch warnen, da dieser aufgrund seiner sehr großen Blattfläche mehr chemische Stoffe aufnehmen und speichern kann als andere Gemüsesorten.
Bleibt noch zu erwähnen, daß Kartoffeln, ob roh oder gekocht, bei

Meerschweinchen häufig auf Ablehnung stoßen. Sollte Ihr Meerschweinchen ein „Kartoffelverächter“ sein, brauchen Sie sich also nicht zu wundern, denn es verhält sich ganz normal.

Kraftfutter ist als Fertigmischfutter im Zoofachhandel erhältlich. Es besteht aus einer Mischung von Hafer, Mais, Erdnüssen und Sonnenblumenkernen sowie Vitaminen und Mineralstoffen. Man kann diese Bestandteile natürlich auch einzeln verfüttern, aber die Fertigmischung garantiert, daß alle notwendigen Vitamine, Spurenelemente und Mineralstoffe zum Zuge kommen.

Wieviel Futter pro Tag?
Natürlich hängt die Futtermenge von der Größe des Tieres ab, so daß von dem nachfolgenden Fütterungsbeispiel entsprechend mehr oder weniger genommen werden muß, je nachdem, ob es sich um ein junges oder ein ausgewachsenes Tier handelt.
Grundsätzlich füttert man am besten zu einer bestimmten Zeit entweder einmal oder zweimal am Tag. Die zweimalige Fütterung pro Tag halte ich für geeigneter, da hierbei die Nahrungsaufnahme über den Tag besser verteilt wird und weil dabei der Kontakt zwischen Mensch und Tier intensiver ist. Man sollte sich für die Fütterung immer etwas Zeit nehmen, zumal Meerschweinchen sehr gern aus der Hand fressen. Füttert man zweimal am Tag, wird morgens so viel Heu in die Raufe gegeben, wie das Tier im Laufe des Tages verzehren kann. Dazu gibt man etwa ein bis zwei Eßlöffel Kraftfuttergemisch zusammen mit etwas Saftfutter in den Futternapf. Es empfiehlt sich, nach ungefähr einer Stunde außer dem Heu das bis dahin nicht verzehrte Futter wieder zu entfernen, da Meerschweinchen, die aus purer Langeweile fressen, leicht verfetten. Nachmittags wird dann nochmals Saftfutter gereicht. Wenn Sie sich in der ersten Zeit die Mühe machen, genau zu beobachten, wieviel das Meerschweinchen von dem angebotenen Futter innerhalb einer Zeitspanne von 30 bis 60 Minuten nach der Futtergabe zu sich nimmt, haben Sie sehr bald die für Ihr Tier passende Futtermenge herausgefunden.
Ergänzend sollte man hin und wieder eine harte Brotkrume geben, damit das Meerschweinchen seine Zähne daran wetzen kann. Wenn ein Nagetier nichts „Handfestes“ zum Nagen hat, werden seine Zähne zu lang und müssen vom Tierarzt

gekürzt werden. Im Zoofachhandel werden auch entsprechende Nagestangen angeboten. Ebenso gern wird ein Zweig von einem Obstbaum zum Nagen angenommen. Falls Ihr Meerschweinchen ihn annimmt, kann man einen sogenannten Salzleckstein, ebenfalls im Zoofachhandel erhältlich, an die Gitterstäbe des Käfigs hängen, um den Mineralhaushalt des Tieres sicherzustellen.

Trinken in Maßen

Im allgemeinen trinken Meerschweinchen nicht sehr viel. Wird reichlich Saftfutter gegeben, dann trinken sie mitunter überhaupt nicht, da ihr Flüssigkeitsbedarf mit dem Saftfutter voll gedeckt wird. Dennoch sollte der Trinkautomat regelmäßig mit abgestandenem oder abgekochtem Wasser nachgefüllt werden. Frisches Leitungswasser ist oftmals gechlort, und das vertragen die kleinen Mägen nicht so gut.

Die notwendigen Pflegemaßnahmen

Beginnen wir mit dem Fell des Meerschweinchens. Bei den Kurzhaar- und den Rosettenmeerschweinchen gibt es dabei wenig zu tun, denn diese Tiere können ihr Fell selbständig sauberhalten. Allerdings darf man nicht vergessen, daß ein Rosettenmeerschweinchen immer etwas zerzaust aussehen wird, da sein Fell eine spezielle Züchtung ist. Lediglich im Frühjahr und im Herbst, wenn die Tiere ihr Haarkleid wechseln, sollte das Fell des öfteren gebürstet werden, um die alten abgestoßenen Haare schneller aus dem Fell herauszulösen.
Ganz anders dagegen verläuft die Fellpflege bei den Angorameerschweinchen, denn ihr Haar kann bis zu 20 cm lang werden. Auch hier sollte man nicht vergessen, daß extrem langhaarige Meerschweinchen speziell gezüchtet worden sind. In der freien Natur könnnten solche „Haarwunder“ wahrscheinlich nicht lange überleben, da sie sehr bald völlig verdrecken und in der Folge erkranken würden. Bei diesen Tieren muß das Fell etwa zwei- bis dreimal in der Woche mit einer weichen Bürste gründlichst durchgekämmt werden, um eine Verfilzung des Haarkleides zu vermeiden. Sollte der Pelz Ihrer Meinung nach zu dicht und zu lang geworden sein, können Sie das Haar bis auf eine Länge von ca. 10 cm kürzen. Es empfiehlt sich ohnehin, das Fell

dieser Tiere besonders in der Aftergegend kürzer zu halten, um stärkeren Verunreinigungen vorzubeugen. Beim Haareschneiden sollte man stets eine Hilfsperson zur Seite haben, die das Tier gut festhält, da es sich während des Schneidens aufgrund seiner zappelnden Bewegungen leicht an der Schere verletzen kann.
Gerade bei Angorameerschweinchen ist eine ausgewogene Ernährung sehr wichtig, weil nur dann das Fell seinen seidigen Glanz erhält. Geben Sie diesem Tier daher ruhig des öfteren eine Extraportion Sonnenblumenkerne.

Waschen

Nur im äußersten Notfall sollte man ein Meerschweinchen waschen, da eine Erkältung bei diesem Tier tödlich enden kann. Wenn das Tier einmal stark verunreinigt sein sollte, füllen Sie eine Wanne ca. 3 cm hoch mit lauwarmem Wasser. Setzen Sie dann das Meerschweinchen hinein und reinigen Sie es, wenn nötig unter Zuhilfenahme von etwas Babyshampoo. Vermeiden Sie dabei, daß der Kopf unter Wasser gerät. Danach können Sie das Tier vorsichtig trocken rubbeln bzw. auch mit einem Fön auf niedrigster Stufe behutsam trocknen. Anschließend wird es in den gesäuberten und mit einer großen Portion wärmenden Heus ausgelegten Käfig zurückgesetzt.

Krallenpflege

Die Krallen des Meerschweinchens dürfen nicht zu lang auswachsen, weil es sonst im Laufen stark behindert wird. Bei freilebenden Tieren nutzen sich die Krallen allein schon durch das Laufen und Klettern über steinigen Boden regelmäßig ab, was bei einer Käfighaltung so nicht gegeben ist. Also muß auch hier der Mensch kontrollierend eingreifen. Wenn man die zu lang gewordenen Krallen selbst zurückschneiden möchte, muß folgendes beachtet werden: In den verhornten Krallen befinden sich Blutgefäße! Werden diese beim Schneiden verletzt, kommt es zu massiven Blutungen, die schwer zu stillen sind und dem Tier Schmerzen bereiten.
Bei den Meerschweinchen, die ein helles Fell haben, kann man normalerweise erkennen, wie weit die Blutgefäße in die Krallen hineinreichen. Bei den dunkel gefärbten Tieren ist dies nicht erkennbar, da bei ihnen die ebenfalls dunkler gefärbten Krallen keinen Durchblick gestatten. Daher sollte man bei diesen Tieren die Krallen vorsichtshalber etwas länger stehenlassen.

Zum Schneiden benötigen Sie eine entsprechend scharfe Nagelzange. Beim Benutzen einer etwas einfacheren Nagelschere kann das verhältnismäßig harte Horn der Krallen aufsplittern und es kommt ebenfalls zu Verletzungen der innen liegenden Blutgefäße. Sollten Sie in solchen Dingen ein eher etwas zaghafter Mensch sein, rate ich Ihnen ohnehin, diese Aufgabe lieber vom Tierarzt durchführen zu lassen, was zudem allemal billiger ist, als eine langfristige Blutung verletzter Krallen wieder abzuheilen.

Die richtige Krallenpflege

Es darf nur mit einer guten Nagelzange geschnitten werden. Eine ungeeignete Schere könnte das Horn aufsplittern lassen.

Richtiges Krallenschneiden
Leicht angeschrägt und weit genug weg von den innenliegenden Blutgefäßen.

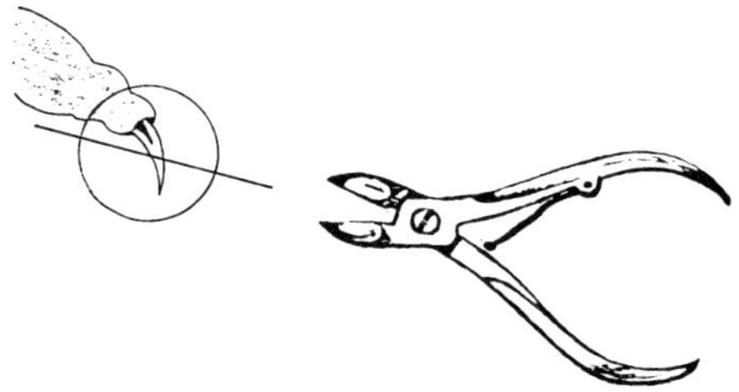

Falsches Krallenschneiden
Falsch angeschrägt. Der stumpfe Schnitt splittert zu leicht auf.

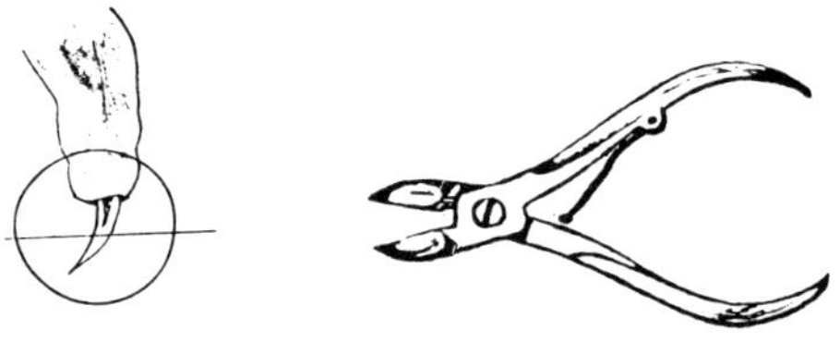

Falsches Krallenschneiden
Zu dicht am Nagelbett geschnitten. Blutgefäße werden verletzt und es entsteht eine schmerzhafte, bisweilen schwer abzuheilende Wunde.

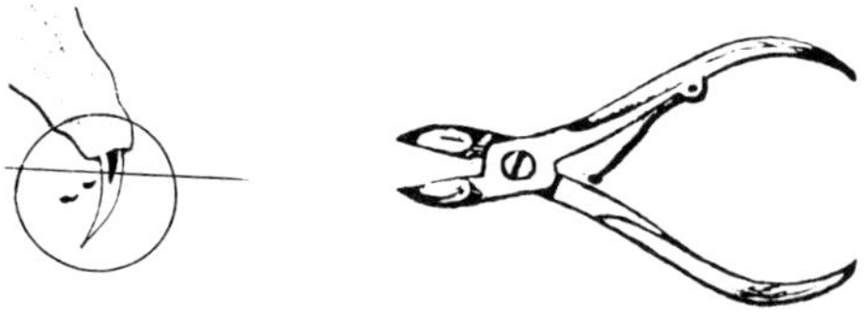

Zahnpflege

Bei zu lang gewordenen Zähnen muß unbedingt der Tierarzt aufgesucht werden, denn für das Einkürzen der Nagezähne ist schon ein gutes Quantum an Erfahrung notwendig. Normalerweise kann das Meerschweinchen seine Nagezähne selbständig kurz halten. Voraussetzung ist dabei aber, daß es stets genügend Hartfutter, Zweige und Holzstückchen zum Nagen zur Verfügung hat.

Also: schauen Sie Ihrem Meerschweinchen nicht nur aufs Maul, sondern auch hin und wieder in dasselbe.

Warum werden Meerschweinchen krank?

Erkältungskrankheiten

Häufig erkranken Meerschweinchen, wenn sie durch ihren Halter falsch behandelt werden. Wer da meint, sein Meerschweinchen müsse wöchentlich gebadet werden, der muß sich nicht wundern, wenn das Tier über kurz oder lang an den Folgen der durch das Baden forcierten Erklärungskrankheiten eingehen wird. Sollte sich Ihr Meerschweinchen aus einem unvermeidbaren Grund erkältet haben, so wird man das unschwer an den auftretenden Symptomen wie z. B. Niesen, Husten, Appetitlosigkeit, Nasenfluß, geröteten Augen und teilnahmsloses in der Ecke-sitzen erkennen können. Der sofortige Gang zum Tierarzt ist in diesem Fall zwingend nötig, da nur wirksame Medikamente das Tier retten können. Es sei abschließend noch einmal betont: Die für uns Menschen banalen Erkältungen sind für Meerschweinchen lebensgefährlich!

Durchfall

Dünnflüssiger und oft auch übelriechender Kot kann auf verschiedene Auslösefaktoren hinweisen. So kann z. B. verdorbenes Futter, ein längerer Aufenthalt auf sehr feuchtem Untergrund oder durch Pflanzenschutzmittel vergiftetes Futter die Krankheitsursache sein. Wenn der Allgemeinzustand des Tieres nicht hochgradig geschwächt ist, empfiehlt es sich, ein bis zwei Tage abzuwarten. In dieser Zeit gibt man als Nahrung ein wenig Zwieback, Haferflocken und Heu. Als Flüssigkeit wird ein nicht allzu starker Kamillentee gereicht. Tritt dann keine Besserung ein, wird der Gang zum Tierarzt notwendig.

Verstopfung

Hierbei kann es sich um eine ganz normale Verstopfung handeln oder aber um eine ernsthafte Erkrankung im Magen/Darmbereich. Im ersteren Fall zeigt das Tier außer einer gewissen Trägheit und der Verweigerung weiterer Nahrung keine anderen besorgniserregenden Anzeichen. Man gibt einen Löffel Rizinusöl oder auch Olivenöl, so daß sich die Verstopfung auflösen wird. Allerdings sollte man sich gewissenhaft fragen, ob das Tier eventuell zu wenig Bewegung hat bzw. ob es in letzter Zeit falsch, d. h. zu reichlich ernährt worden ist. Wenn das Meerschweinchen den Löffel Rizinusöl

nicht annimmt, dann werden Sie ihm das Öl vorsichtig einflößen müssen. Man kann dem Tier die strikte Ablehnung aber kaum verdenken, denn wer jemals Rizinusöl geschmeckt hat, der wird vor dem Zeug fliehen wie der Teufel vorm Weihwasser.
Im zweiten Fall kommen zu den genannten Anzeichen für eine Verstopfung ein häufig sehr schnell gehender Atem und Schmerzen bei der Berührung des aufgequollenen Bauches hinzu. Hier verfährt man so wie bei der Behandlung des Durchfalls. Ändert sich die Situation nach ein bis zwei Tagen nicht, muß unverzüglich der Tierarzt aufgesucht werden.

Meerschweinchenlähme

Die sogenannte Meerschweinchenlähme ist eine Infektionskrankheit, welche durch Viren hervorgerufen wird. Diese Krankheit wird durch andere Tiere übertragen oder erfolgt durch die Nahrungsaufnahme. Wenn das Meerschweinchen mit diesem Virus infiziert worden ist, zeigt das Tier nach etwa 20 Tagen folgendes Krankheitsbild:

- allgemeine Schwächung
- struppiges und glanzloses Fell
- möglicherweise Atemnot und Fieber
- die Muskulatur der Hinterbeine wird langsam aber deutlich schwächer, bis es zur völligen Lähmung kommt

Zwei Dinge sind in diesem Fall zu beachten:

1. Sofort zum Tierarzt gehen!
2. Das erkrankte Tier umgehend von anderen Tieren isolieren, da die Meerschweinchenlähme hochgradig ansteckend ist.

Zum Schluß noch ein Hinweis für die Eltern, deren Kinder die Meerschweinchenhalter sind. Sollten Sie die Symptome dieser Erkrankung bei dem Tier feststellen, dann bereiten Sie die Kinder schonend auf das wahrscheinliche Ableben des Meerschweinchens vor, denn die Überlebenschancen sind bei dieser Erkrankung sehr gering.

Würmer

Bei ausschließlicher Käfighaltung in der Wohnung, gutem Futter und ausreichender Hygiene ist normalerweise nicht mit einem Wurmbefall zu rechnen. Meerschweinchen, die allerdings häufiger draußen im Freigehege gehalten werden, können schon leichter einmal von Würmern befallen werden. Dabei ist es sicherlich beruhigend zu wissen, daß diese Art von Würmern nicht auf den Menschen übertragbar sind. Bei einem Wurmbefall zeigt das Tier eine allgemeine Schwäche, beginnende Abmagerung und eventuell Durchfall. Nicht immer lassen sich die Würmer im Kot feststellen. Bei diesen Krankheitszeichen sollte sofort ein Besuch beim Tierarzt erfolgen, wobei der Kot des Tieres am besten gleich zur Untersuchung mitgenommen wird.

Erkrankungen der Haut

Hin und wieder kommt es bei den Meerschweinchen zu einem Milbenbefall. Dies äußert sich dann in stellenweisem Haarausfall, wobei die betroffene Hautpartie gerötet und auch verkrustet sein kann. Auch die Nase, der Mundbereich und die Ohren werden von den Milben nicht verschont.
Diese Krankheitszeichen können aber auch von den sogenannten Haarlingen hervorgerufen werden. Hierbei handelt es sich um Parasiten, die sich von Haar- und Hautteilchen ernähren, nicht aber vom Blut des befallenen Tieres.
Sehr gefährlich können in diesem Zusammenhang die Folgen von Zekkenbissen sein. Auch hierbei zeigen sich äußerlich Kratzwunden und stellenweiser Haarausfall.
In allen genannten Fällen muß der Tierarzt um Rat gefragt werden, da nur wirksame Medikamente schnelle Abhilfe schaffen können.
Besonders, wenn für das Meerschweinchen Freilandaufenthalte geplant werden, empfiehlt es sich, vorbeugend im Zoofachhandel nach Mitteln zu fragen, die solche Ungeziefer abhalten können.

Kleinere Wunden

Gelegentlich kann es zu kleineren Verletzungen der Haut kommen. Normalerweise heilen diese von selbst relativ schnell ab, so daß kein Eingreifen nötig ist. Sollte eine kleinere Wunde längere Zeit blutig sein, hilft häufig schon ein Abtupfen mit Eisenchloridwatte, welche in der Apotheke erhältlich ist.
Sollte das auch nicht zu einer endgültigen Abheilung führen und die Wunde womöglich noch zu eitern

beginnen, dann ist ein Tierarztbesuch unumgänglich.

Anmerkungen zum Tierarztbesuch

Wenn ein Besuch beim Tierarzt nötig wird, besorgen Sie sich ein festes Behältnis, in welchem Sie das Meerschweinchen transportieren können. Ein dünner Pappkarton könnte sich stellenweise in Wohlgefallen auflösen, wenn das Meerschweinchen vor lauter Angst des öfteren Pipi macht. Besser geeignet ist eine entsprechend große Holz- oder Plastikkiste, die mit einem luftdurchlässigen Deckel fest verschlossen werden kann. Lassen Sie im Wartezimmer das Tier unbedingt in dem Transportbehälter. Verständlicherweise ist das Meerschweinchen jetzt sehr nervös, so daß es bei einem Herausnehmen nur allzu leicht von der Hand oder vom Arm abspringen und sich dann Knochenbrüche zuziehen könnte.
(Lesen Sie hierzu bitte auch den Abschnitt „Verhaltensformen unter besonderen Bedingungen".)

Warum laufen Meerschweinchen im Gänsemarsch?

Meerschweinchen allein und im Rudel

In der freien Natur leben Meerschweinchen grundsätzlich nur in größeren Lebensgemeinschaften, den sogeannten Rudeln. Wird ein Meerschweinchen allein im Käfig gehalten, so lebt es demzufolge nicht artgerecht. In diesem Fall muß ein Ausgleich durch eine besonders intensive Betreuung von der Pflegeperson geschaffen werden, um das Tier nicht verkümmern zu lassen. Bewegt sich ein Meerschweinchenrudel auf größerer freier Fläche, kann man beobachten, daß die Tiere im Gänsemarsch eines hinter dem anderen herrennen. Ein solches Verhalten ist ihnen instinktmäßig vorgegeben. In der freien Wildbahn haben sie sich dadurch im hohen Gras regelrechte Trampelpfade angelegt, auf denen sie bei Gefahr schnell entfliehen können. Außerdem gehen die beim Gänsemarsch in die Mitte genommenen Jungtiere nicht so schnell verloren. Gründe genug für die Meerschweinchen, stets im Schweinsgalopp im Gänsemarsch zu laufen. Dieses Verhalten läßt sich auch bei zwei Tieren beobachten. Eines von beiden wird beim Auslauf in der Wohnung oder im Garten stets der Vorläufer sein, und der andere, meist schwächlichere und ängstlichere Typ, ist der Nachläufer.

„Gänsemarsch im Schweinsgalopp"

So laufen Meerschweinchen in freier Wildbahn durchs Gras. Die älteren Tiere nehmen die Jungtiere zwischen sich. Jedes Meerschweinchen achtet instinktiv auf engen Kontakt zum Vordermann.

Im Rudel leben die Meerschweinchen im allgemeinen sehr friedlich miteinander. Es gibt unter ihnen keinen Futterneid, und die Tiere beschäftigen sich sehr viel miteinander. Sie warnen sich gegenseitig vor Gefahren oder machen sich auf Besonderheiten aufmerksam. Dabei geben sie häufig glucksende Geräusche von sich, oder sie steigern sich in ein ohrenbetäubendes Pfeifkonzert. Die älteren Tiere kümmern sich im Rudel in rührender Art und Weise um die Jungtiere. Sobald aber die Jungen geschlechtsreif geworden sind, ändert sich die Situation. Die nunmehr erwachsen gewordenen Männchen müssen das Rudel verlassen, tun sie es nicht, gibt es Ärger. Der Rudelführer wird sie so lange bedrängen, eventuell auch beißen, bis sie nur noch zitternd in einer Ecke sitzen. Die jungen Männchen müssen jeweils zusammen mit einigen jugendlichen Weibchen neue Rudel bilden. Das funktioniert natürlich nur, wenn durchschnittlich mehr weibliche als männliche Tiere geboren werden. Dies ist bei den Meerschweinchen der Fall, was eben auch zu ihrer enormen Vermehrungsmöglichkeit beiträgt. Dadurch werden sie in der freien Natur vor der Ausrottung durch andere Wildtiere bewahrt, denn im Kampf sind die Meerschweinchen nahezu allen anderen Tieren ab „Mäusegröße“ hoffnungslos unterlegen.

Werden mehrere Tiere in einem Käfig gehalten, ist darauf zu achten, daß die geschlechtsreifen männlichen Jungtiere auf jeden Fall rechtzeitig aus dem Käfig genommen werden, um Streitereien zu vermeiden.

Verhaltensformen unter besonderen Bedingungen

Ein besonders auffälliges Verhalten sei hier gleich zu Beginn hervorgehoben. Machen Sie sich keine Sorgen, wenn Ihr Meerschweinchen gelegentlich seinen eigenen Kot frißt. Ein solches Verhalten ist bei mehreren Tierarten zu beobachten und bedeutet nichts Außergewöhnliches. Das Meerschweinchen bildet in seinem Blinddarm eine Kotabsonderung, die stark Vitamin-B-haltig ist. Nur diesen sogenannten Blinddarmkot, welcher übrigens auch an seiner etwas helleren Färbung erkennbar ist, frißt das Tier instinktmäßig, um sich dadurch mit diesem lebenswichtigen Vitamin zu versorgen.

Erlebt ein Meerschweinchen etwas, das ihm einen gehörigen Schrecken einjagt, rennt es sofort in die nächstbeste dunkle Ecke oder es flüchtet unter einen Schrank. Falls ihm nichts dergleichen zur Verfügung steht, dann bleibt dem Tier als Reaktion nur noch die Schreckstarre, das bedeutet, es verharrt in absoluter Regungslosigkeit, meist mit dem Rücken zur Wand. Dieses ebenfalls rein instinktmäßig gesteuerte Verhalten soll in der freien Wildbahn den Angreifer irritieren bzw. dessen Jagdtrieb unterbrechen, so daß es nicht zum tödlichen Zubiß kommt. Unter normalen Bedingungen werden Meerschweinchen ihren kleinen oder großen Menschenpartner niemals beißen. Nur in außergewöhnlichen Situationen, wenn z. B. der Tierarzt eine sehr schmerzhafte Untersuchung anstellen muß, kann es vorkommen, daß ein Meerschweinchen vor lauter Angst und Schmerz seine es festhaltende Pflegeperson beißt. Aber auch dieser Biß ist mehr als eine Art von Reflexreaktion zu sehen und nicht als ein gezieltes Verteidigen.

Wie gut können Meerschweinchen „sprechen“, hören und sehen?

„Sprechen“

Die Sprache des Meerschweinchens besteht aus verschiedenartigen Lauten. Ein leiseres Piepen, was häufig nach einer ausgiebigen Streicheleinheit ertönt, bedeutet soviel, daß es ihm rundherum gut geht. Das gleiche Gefühl wird ausgedrückt durch eine Art Murmeln oder Grunzen. Ein lautes Quieken bedeutet meistens die freundliche Begrüßung der Pflegeperson, besonders, wenn diese auch noch mit dem Essen im Anmarsch begriffen ist. Ein lautes Quieken kann aber auch bedeuten, daß eine Streicheleinheit gewünscht wird.
Als Warnruf gibt das Meerschweinchen eine Art schnarrendes Geräusch, ein lauteres Zischen oder auch ein deutliches Zähneklappern von sich. Dies kann auch der Fall sein, wenn zwei Meerschweinchenmännchen um die Rangordnung streiten oder wenn sich eine fremde Person dem Käfig nähert.
Ein dumpfes Brummen oder Knattern hingegen zeigt an, daß sich das Meerschweinchen auf Brautschau begibt und sich gerade um ein passendes Weibchen bemüht.

Hören

Das Meerschweinchen besitzt ein vorzügliches Gehör. Besonders die hohen Töne kann es besser als wir Menschen wahrnehmen. Es ist daher nicht verwunderlich, daß ein Meerschweinchen an ganz bestimmten, noch entfernten Geräuschen bereits erkennen kann, wer sich ihm nähert, so daß es mit seinem Pfeifkonzert schon beginnt, bevor die Pflegeperson den Raum betritt.
Man sollte aus diesem Grund darauf achten, daß das Tier nicht allzu lauten Geräuschen, wie etwa sehr lautstarker Radiomusik, ausgesetzt wird, denn was für Rockmusik gewöhnte Jugendliche toll ist, bedeutet für das Meerschweinchen bereits Schmerzen zu erleiden, weil die lauten Töne auf das Tier viel intensiver einwirken.

Sehen

Auch das Sehvermögen der Meerschweinchen kann sich im wahrsten Sinne des Wortes „sehen lassen“. Diese Tiere haben einen verhältnismäßig großen Gesichtskreis, so daß sie Freund oder Feind auf einer ausreichenden Distanz erkennen können. Im Gegensatz zu vergleichbaren anderen Kleintieren sind die Meerschweinchen sogar in der Lage, Farben zu unterscheiden.

Warum können aus 2 Meerschweinchen in 1 Jahr weit mehr als 100 werden?

Vermehrung

In dem Kapitel „Wichtige Überlegungen vor dem Kauf" habe ich bereits angeführt, daß sich das Meerschweinchen durch seine außergewöhnliche Vermehrungsfreudigkeit auszeichnet. Jungtiere sind durchschnittlich nach spätestens zwei Monaten geschlechtsreif. Die Tragzeit der Weibchen dauert etwa 8 bis 10 Wochen. Das Weibchen ist im Regelfall alle 14 Tage brünstig, d. h. es ist empfängnisbereit. Die nachfolgende Skizze veranschaulicht, wie unter diesen Bedingungen aus zwei Meerschweinchen sehr schnell mehr als einhundert Meerschweinchen entstehen können.

Paarung, Geburt und Aufzucht der Jungen

Die Paarung
Hat sich ein Meerschweinchenmännchen für eine Meerschweinchendame entschieden, wird der Freier das Weibchen eine Zeitlang möglichst dicht umkreisen und auf diese Weise einen ersten Kontakt herstellen. Bei diesen Umkreisungen wiegt es sich auf seinen Hinterbeinen hin und her und gibt dabei knatternde oder auch grunzende Laute von sich. Das Weibchen ist allerdings nur etwa zweimal im Monat dazu in der Lage, sich mit dem Männchen zu paaren. Genauer ausgedrückt heißt es, daß das Weibchen alle 14 bis 18 Tage für 24 Stunden brünstig ist. Wenn das werbende Männchen nun Pech hat, indem es sich dem Weibchen an einem ungünstigen Tag nähert, wird die Auserwählte dem Bewerber die Zähne zeigen und sich in einer Drohgebärde auf die Hinterbeine stellen. Dies sieht allerdings wesentlich gefährlicher aus, als es tatsächlich ist, denn das Weibchen würde niemals tatsächlich zubeißen. Tiere, die sich schon länger kennen, machen gar nicht mehr so große Umstände.
Wenn dem Weibchen die Annäherung nicht paßt, versetzt es dem Männchen einen kräftigen Nasenstüber, so daß dieses sich in den nächsten Tagen zurückhält. Hat der Bewerber hingegen Glück gehabt, und das Weibchen ist ihm wohlgesonnen, wird es sich kurz ducken, um dem Männchen das Hinterteil darzubieten, damit dieser mit seinem Penis in die Scheide eindringen kann, um so mit seinem Samen die Eizellen des weiblichen Tieres zu befruchten. Damit ist die Paarung vollzogen, insgesamt eine Angelegenheit von wenigen Sekunden.
Anschließend putzen sich die Tiere

vor allem im Genitialbereich sehr gründlich. Danach verläuft der Meerschweinchenalltag wie gewohnt. Etwa nach vier Wochen kann man bemerken, daß das Weibchen langsam dicker zu werden beginnt. Insgesamt dauert die Tragzeit maximal 10 Wochen. In den beiden letzten Wochen vor der Geburt ist das Weibchen ausgesprochen plump und schwerfällig. Man kann in dieser Zeit sogar die Bewegungen der Jungen in ihrem Bauch bemerken. Für die Geburt werden übrigens keinerlei Vorbereitungen getroffen, wie dies z. B. bei anderen Tieren mittels eines Nestbaues oder dergleichen üblich ist.

Die Geburt

Ebenso wie Paarung und Tragzeit verläuft die Geburt völlig unproblematisch. Das Weibchen läßt sich dabei weder vom Männchen noch von anderen Zuschauern irritieren. Sehr oft findet die Geburt am Tage statt. Je nachdem, wie viele Junge zur Welt gebracht werden, dauert die Geburt etwa 10 bis 30 Minuten. Wenn ein Junges den Leib der Mutter verlassen hat, dann reißt diese mit ihren Zähnen sofort die Fruchthülle auf, die den kleinen Körper noch umgibt. Würde sie das nicht gleich nach der Geburt tun, müßte das Junge jämmerlich ersticken. Bevor das nächste Junge das Licht der Welt erblickt, hat das Muttertier gerade noch Zeit, dem Neugeborenen Nase, Augen und Mund sauber zu lecken. Die Fruchthüllen und die am Ende der Geburten abgehende Placenta, der sogenannte Mutterkuchen, werden anschließend von dem Weibchen aufgefressen. Da dieses Verhalten dem Meerschweinchen instinktgemäß vorgegeben ist, sollte man nicht eingreifen und nur nach einer gewissen Zeit nicht aufgefressene Reste selbst entfernen. Normalerweise verlaufen die Geburten relativ unblutig. In seltenen Fällen kommt es vor, daß das Muttertier wie auch die Jungen stärker blutbefleckt sind. Von der Anzahl der Neugeborenen ist auch deren Geburtsgewicht abhängig. Pro Wurf werden zwischen 1 bis 6 Junge geboren. Kommt nur ein Junges zur Welt, hat dieses ein größeres Geburtsgewicht. Während der Einzelgänger als Neugeborenes bis zu 100 g wiegen kann, haben Geschwister etwa zwischen 40 g und 80 g Geburtsgewicht. Während des Geburtsvorganges bleibt das Muttertier sitzen und hält das Neugeborene zwischen den Vorderpfoten. Nachdem alle Jungen zur Welt gebracht worden sind, leckt ihnen die Mutter das Fell ausgiebig

Oben: Gerade geborene Meerschweinchen
Unten: eine glückliche Meerschweinchenfamilie

Links: Jungtier im Alter von 3 Wochen

Rechts: Ausgewachsenes männliches Meerschweinchen im Alter von 10 Monaten

Bedingungen

Geschlechtsreife des weiblichen Tieres:	nach durchschnittlich 35 Tagen
Zahl der Jungen pro Wurf:	durchschnittlich 3–5 Junge
Zahl der Würfe pro Jahr und Paar:	maximal 5 Würfe
Zyklusdauer des Weibchens:	durchschnittlich 16 Tage
Tragzeit:	durchschnittlich 70 Tage

Zeit	Paarung und Geburt		
1. Januar	1. Paarung  Hansi Lore	2	
11. März	4 Junge 1 Männchen 3 Weibchen 	6	
15. März	2. Paarung Hansi Lore		
24. Mai	5 Junge 1 Männchen 4 Weibchen 	11	
30. Mai	3. Paarung Hansi Lore		
8. August	5 Junge 2 Männchen 3 Weibchen 	16	
12. August	4. Paarung Hansi Lore		
21. Oktober	4 Junge 2 Männchen 2 Weibchen 	20	
22. Oktober	5. Paarung Hansi Lore		
31. Dezember	5 Junge 3 Männchen 2 Weibchen 	25	

Anzahl der Tiere
Jedes der 3 Weibchen bekommt bis zum 31. Dezember bei 3 Geburten jeweils 4 Junge. Zusammen sind das: 36 Tiere
Jedes der 4 Weibchen bekommt bis zum 31. Dezember bei 2 Geburten jeweils 4 Junge. Zusammen sind das: 32 Tiere
Jedes der 3 Weibchen bekommt bis zum 31. Dezember bei 1 Geburt jeweils 4 Junge. Zusammen sind das: 12 Tiere

gesamt: 80 Tiere   Alles zusammen macht: 23 Kinder von Hansi und Lore + 80 Enkel = **103 Meerschweinchen**

Beachte:

Eigentlich sind es sogar noch viel mehr Tiere, da die Kinder der Kinder auch in diesem Jahr noch einige Kinder bekommen und deren Kinder ...

und gründlich sauber. Manchmal hilft dabei auch der Vater, welcher ansonsten aber während des gesamten Geburtsverlaufes ziemlich teilnahmslos gewesen sein dürfte. Bereits einige Stunden nach der Geburt kann das Weibchen wieder brünstig werden, so daß eine erneute Paarung möglich ist und das Ganze wieder von vorne losgeht, wobei dann in etwa neun Wochen erneut einige Junge das Licht der Welt erblicken könnten. Um eine so rasante Geburtenfolge zu unterbrechen und um dem Weibchen eine längere Erholungspause zu gönnen, sollte man das Männchen nach der Geburt der Jungen von dem Weibchen trennen.

Aufzucht der Jungen

Die jungen Meerschweinchen sind sogenannte Nestflüchter, sie sind also in der Lage, gleich nach der Geburt „aus dem Nest" zu flüchten, falls ihnen Gefahr drohen sollte. Damit sie das können, müssen sie voll entwickelt sein, demzufolge laufen und sehen können. Entsprechend werden die jungen Meerschweinchen mit offenen Augen geboren. Sie besitzen zudem ein voll entwickeltes Fell und ein vollständig ausgebildetes Gebiß, so daß sie sogar in der Lage wären, feste Nahrung zu sich zu nehmen. Allerdings werden die Neugeborenen von dem Muttertier noch etwa zwei bis drei Wochen nach der Geburt gesäugt. Dabei nimmt das Muttertier eine sitzende Stellung ein. Da die Meerschweinchen keine Futterneider sind, kommt es beim Säugen nur in Ausnahmefällen zu Zankereien. Im Normalfall wartet jedes Junge, bis es an die Reihe kommt. Die jungen Meerschweinchen toben in den ersten Wochen übermütig im Käfig herum, und es macht viel Freude, ihnen bei ihren wilden Sprüngen zuzusehen. Nach etwa sechs Wochen sind die Jungtiere vollkommen selbständig, und man kann sie von ihrer Familie trennen. Junge Männchen müssen spätestens nach dieser Zeit aus dem Käfig genommen werden, da es ansonsten zu ernsten Auseinandersetzungen zwischen ihnen und dem Rudelführer kommen würde.

Verschiedene Zuchtmethoden

Grundsätzlich muß vorweg gesagt werden, daß die Zoofachhandlungen über genügend Angebote an Meerschweinchen verfügen. Wer heutzutage noch glaubt, mit seinen gezüchteten Meerschweinchen auf

Geräumiges Wohnhaus für eine Zucht in Stämmen

diesem Markt Geld verdienen zu können, der befindet sich auf dem Holzwege. Wenn überhaupt, dann besteht ein Bedarf an Meerschweinchen vielleicht noch in der Industrie, und zwar in den Versuchslabors der pharmazeutischen und kosmetischen Industrie. Bevor Sie für diesen Zweck Meerschweinchen züchten, sollten Sie sich einmal die von Tierschutzvereinen herausgegebenen Bildserien über elendiglich gequälte Tiere in den Versuchslabors ansehen. Jedem Menschen mit etwas Ehrgefühl wird daraufhin wohl der Geschmack auf ein diesbezügliches Geldverdienen gründlich vergangen sein.

Wenn man dagegen aus reinem Interesse z. B. an den Fragen der Vererbungslehre Meerschweinchen züchten möchte, muß man sich vorher erkundigen, wer als Abnehmer für die überzähligen Tiere in Frage kom-

men könnte. Findet man keine seriösen Abnehmer, sollte man als verantwortungsbewußter Mensch die Finger von einer Meerschweinchenzucht lassen.
Wer nach Klärung dieser Voraussetzungen eine private Zucht aufbauen möchte, der sollte wissen, daß es zwei verschiedene Zuchtmethoden gibt:

1. Die paarweise Zucht

In mehreren Käfigen bringt man jeweils Meerschweinchenpärchen unter. Über jedes Pärchen und deren Junge kann nun genau Buch geführt werden. Mit dieser Zuchtform lassen sich die Regeln der Vererbung beobachten und natürlich auch beeinflussen, so daß man z. B. bestimmte Fellfarben herauszüchten kann.

2. Die Zucht in Stämmen

Bei dieser Form der Zucht bringt man ein Männchen mit mehreren Weibchen in Großkäfigen zusammen. Man kann ein männliches Tier mit bis zu zwanzig weiblichen Tieren zusammentun. Für solch eine Großgruppe wird dann allerdings ein Käfig von etwa 4 Quadratmeter Grundfläche benötigt. Bei kleineren Gruppen, also z. B. einem Männchen mit fünf Weibchen, genügt eine Käfiggrundfläche von ca. einem Quadratmeter.

Für beide Zuchtformen ist die gründliche Auswahl der Zuchttiere sehr wichtig. Es sollten möglichst Jungtiere im Alter von ungefähr drei Monaten sein. Ältere weibliche Tiere, die zuvor nur wenig trächtig waren, eignen sich nicht als Ausgangstiere für eine Zucht, da bei ihnen die Gefahr von Totgeburten oder anderweitigen Komplikationen verhältnismäßig groß ist. Ältere Tiere erkennt man an ihrem schon etwas matter gewordenen und weniger glänzendem Fell sowie an der dünnen oder bereits ganz fehlenden Behaarung der Ohren.

Wer sich zu einer Zucht entschließt, dem möchte ich abschließend noch raten, sich an den Verein der Meerschweinchenzüchter zu wenden.

Anschrift:
Verein Deutscher
Meerschweinchenzüchter e. V.,
Karin Stüber,
Hommelsheimstraße 7,
5308 Rheinbach.

Sachregister